城市轨道交通
安全和应急手册

上海申通地铁集团有限公司轨道交通培训中心 编

人民交通出版社股份有限公司
北京

内 容 提 要

本书综合国内外城市轨道交通安全运营和应急情况处置的经验,并辅以形象生动的案例、图片、视频和动画,为城市轨道交通从业人员和乘客提供一些易于掌握、便于操作、行之有效的安全常识和应急处置方法。

本书可供城市轨道交通从业人员学习使用,也可供城市轨道交通乘客学习参考。

图书在版编目(CIP)数据

城市轨道交通安全和应急手册/上海申通地铁集团有限公司轨道交通培训中心编.—北京:人民交通出版社股份有限公司,2022.3
ISBN 978-7-114-17780-4

Ⅰ.①城… Ⅱ.①上… Ⅲ.①城市铁路—交通运输安全—手册②城市铁路—交通运输事故—处理—手册 Ⅳ.①U239.5-62

中国版本图书馆 CIP 数据核字(2021)第 277425 号

Chengshi Guidao Jiaotong Anquan he Yingji Shouce

书 名:	城市轨道交通安全和应急手册
著 作 者:	上海申通地铁集团有限公司轨道交通培训中心
责任编辑:	姚 旭 张 琼
责任校对:	孙国靖 魏佳宁
责任印制:	刘高彤
出版发行:	人民交通出版社股份有限公司
地 址:	(100011)北京市朝阳区安定门外外馆斜街3号
网 址:	http://www.ccpcl.com.cn
销售电话:	(010)59757973
总 经 销:	人民交通出版社股份有限公司发行部
经 销:	各地新华书店
印 刷:	北京交通印务有限公司
开 本:	880×1230 1/32
印 张:	2.75
字 数:	70千
版 次:	2022年3月 第1版
印 次:	2022年3月 第1次印刷
书 号:	ISBN 978-7-114-17780-4
定 价:	20.00元

(有印刷、装订质量问题的图书由本公司负责调换)

编 写 组

(按姓氏笔画排序)

组　长：叶华平
成　员：孙沪澄　刘俊艳　林　宏　郁文斌
　　　　姚　军　高冬华　曹求实

前言
QIANYAN

城市轨道交通是为人民群众基本出行提供服务的重要城市公共交通设施,也是具有显著公益特征的民生工程。城市轨道交通是集线路、车辆、供电、通信、信号、自动售检票、运营管理等专业工种于一体的综合系统,专业性广、技术性强,涉及土建、车辆、供电、通信信号、运营管理、安全管理等多门类技术和诸多硬件设施设备,其安全运营是一项复杂的系统工程。

党的十九大作出了建设交通强国的重大决策部署。《交通强国建设纲要》提出了构建安全、便捷、高效、绿色、经济的现代化综合交通体系。安全是城市轨道交通行业发展的永恒主题。城市轨道交通线路封闭、空间有局限性、客流量大,安全事故防范难度大,发生事故后不易进行人员疏散与施救。因此,城市轨道交通一线员工是保障城市轨道交通安全运营的第一道防线,其岗位技能水平和应急处置能力十分重要。

《城市轨道交通安全和应急手册》针对城市轨道交通一线员工和乘客,综合国内外本行业的应急情况处置经验,立足专业岗位员工以及乘客自身角度,从安全运营、突发事件应急处置与伤员救护、乘客安全出行、常见应急设施设备的使用等方面为城市轨道交通一线员工和广大乘客提供一些易于掌握、便于操作、行之有效的安全常识和快速处置方法,希望读者能够从中受益。

编写组
2021 年 12 月

目录 MULU

第一篇　从业人员篇

第一章　安全运营 ………………………………… 3
1. 运营准备 …………………………………………3
2. 运营期间 …………………………………………5
3. 运营结束 …………………………………………6

第二章　突发事件应急处置 ……………………… 7
1. 自然灾害 …………………………………………7
2. 事故灾难 ……………………………………… 11
3. 公共卫生事件 ………………………………… 18
4. 社会安全事件 ………………………………… 24

第三章　伤员救护 ………………………………… 26
1. 救护四原则 …………………………………… 26
2. 失血包扎 ……………………………………… 27
3. 骨折固定 ……………………………………… 34
4. 烧伤救护 ……………………………………… 36
5. 伤员搬运 ……………………………………… 37
6. 心肺复苏 ……………………………………… 39
7. 危重伤员抢救 ………………………………… 41
8. 常见急救设备 ………………………………… 42

第二篇　乘　客　篇

第四章　安全乘车 ………………………… 47
1. 规范进出站 ……………………………… 47
2. 有序上下车 ……………………………… 54
3. 乘坐讲文明 ……………………………… 56
4. 换乘有秩序 ……………………………… 57
5. 疏散有效率 ……………………………… 57
6. 纠纷巧处理 ……………………………… 57

第五章　突发事件应对 …………………… 60
1. 大客流拥挤 ……………………………… 60
2. 踩踏事故 ………………………………… 60
3. 列车迫停区间事故 ……………………… 61
4. 停电事故 ………………………………… 62
5. 列车相撞、脱轨事故 …………………… 63
6. 乘客坠落站台事件 ……………………… 64
7. 毒气事故 ………………………………… 64
8. 纵火事故 ………………………………… 65
9. 爆炸事故 ………………………………… 67
10. 站台门夹人夹物事故 ………………… 68

第六章　常见应急设施设备的使用 ……… 70
1. 紧急报警器 ……………………………… 70
2. 紧急解锁器 ……………………………… 71
3. 站台门应急装置 ………………………… 72
4. 紧急停车按钮 …………………………… 74
5. 火灾报警系统 …………………………… 75
6. 自动扶梯紧急停止按钮 ………………… 75

01

第一篇
从业人员篇

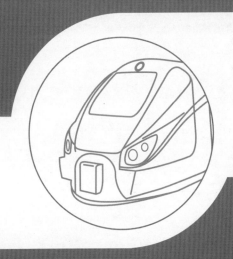

第一章 安全运营

城市轨道交通系统运营需依靠各工种组成的大联动机构,各专业工种间有着密切的关系。因此,城市轨道交通运营安全管理是全生命周期的管理,是动态管理的过程。

1. 运营准备

❶ 运行控制中心

运行控制中心(Operation Control Center,OCC)的行车作业岗位人员要求如下:

(1)在当日运营开始前,确认线路上所有施工检修作业已经完成注销,线路空闲。

(2)根据运营计划,与场内行车人员核对运行图,并听取当日运用车使用情况汇报。

(3)在当日运营开始前,建立或核对当日运用的时刻表/计划运行图,并检查内容无误。

(4)确认供电系统、信号系统、通信系统、站台门系统、环境与设备监控系统及线路情况等与运营有关的设备状况良好。

(5)运营前,通过OCC子钟对运营设备系统时间进行校对。

城市轨道交通运营控制中心（OCC）

❷ **车站**

车站的行车作业岗位人员要求如下：

（1）运营前，确认车站管辖范围内所有施工检修作业已经完成注销。

（2）运营前，操作、监控车站信号设备及站台门，发现故障、异常等情况，按有关程序处理和报告，确保设施设备运行正常。

（3）运营前，确认行车设备状态正常并符合运营条件。

（4）运营前，通过车控室子钟对运营设备系统时间进行校对。

❸ **车辆段控制中心**

车辆段控制中心（Depot Control Center，DCC）的行车作业岗位人员要求如下：

（1）运营前，确认段场内所有影响出库的检修施工已注销，出库进路空闲。

（2）运营前，确认电动列车投运列数符合当日运行计划要求，确保备用车状态良好，并停放在车辆段运用库指定位置，做好随时发车准备。

（3）运营前，通过DCC子钟对运营设备系统时间进行校对。

❹ 列车司机

列车司机的行车作业要求如下：

（1）按规定办理出勤手续，确认当日值乘计划和行车组织安全注意事项。

（2）检查并确认列车走行部位、电器箱体及车体外观等无异常，确认车辆设备良好。

（3）对两端驾驶室进行检查，确认操作手柄、开关处于规定位置，灭火器、随车工具等备品齐全、封条完好。

（4）确认车载列车自动控制（Automatic Train Control，ATC）设备正常，铅封良好；列车无线电话和车辆广播使用功能良好。

（5）做好列车检查和试验，确保列车在投入运营前技术状态良好。

（6）出乘前与车场DCC值班员校对钟表时间。

2. 运营期间

（1）OCC行车作业岗位人员应根据当日运营计划组织行车，监护全线列车运行情况，并根据运营需要适时采取有效措施调整列车运行秩序，确保运营计划执行。

（2）车站行车作业岗位人员应监控设备运转状态，执行行车调度员命令，监护列车在车站的到发作业。遇列车发生2min以上晚点以及设备故障应及时向行车调度员汇报。

（3）DCC行车作业岗位人员应按列车运行计划优先组织接发列车作业，提前停止影响接发车进路的调车作业和检修施工，DCC接发列车应灵活运用股道，做到正点发车，不间断接车，减少转线作业。

（4）列车司机不应在道岔、咽喉区擅自停车，因特殊原因需在道岔、咽喉区临时停车时，应及时向行车调度员或DCC值班员汇报，经确认停车原因，并在列车具备运行条件后，方可动车。

（5）列车司机行车作业要求：

①在车辆基地内按程序进行整备作业，与DCC值班员办理列车发车手续；

②在区间运行时，按车载信号、地面信号显示或行车调度员的调度命令行车，遇相关故障及突发事件等情况，按相关预案要求果断处理；

③列车运行中，列车司机精神集中，加强瞭望，注意观察仪表、指示灯、显示屏的显示和线路状态，并按规定进行乘客服务广播；

④列车在站台时，开关车门和站台门，监控乘客乘降，确认列车门与站台门关闭且间隙无夹人夹物；

⑤其他人员需登乘列车驾驶室时，认真查验登乘凭证并做好记录。

3. 运营结束

（1）OCC负责按列车运行计划组织列车回场，完成运营情况记录及质量统计，并根据施工作业计划安排施工作业。

（2）车站确认站内无乘客滞留后，适时关闭各出入口及客运服务设备，按施工计划时间，确认符合条件后办理车站施工请销点手续。

（3）DCC确认接车线路空闲后，按列车运行计划办理入库接车进路，按施工计划要求组织工程车或调试列车运行。

（4）电动列车入场后，退出无线注册；正确填记运营情况记录，和行车备品一起交DCC值班员，确认下次出勤时间及地点，按规定办理退勤手续。如在驾驶过程中发现列车故障，如实报告故障及处理情况。

第二章 突发事件应急处置

突发事件，是指突然发生，造成或者可能造成严重社会危害，需要采取应急处置措施予以应对的自然灾害、事故灾难、公共卫生事件和社会安全事件。

突发事件发生后，履行统一领导职责或者组织处置突发事件的企业应急处置机构应当针对其性质、特点和危害程度，立即组织有关部门，调动应急救援队伍，包括启动属地化管理的联动地方派出所、医疗机构、消防部门等，依照企业相关应急预案规定和国家有关法律、法规、规章的规定采取应急处置措施。

1. 自然灾害

不论是地面轨道，还是地下轨道，均会受到自然环境的影响，特别是极端天气，会对轨道交通运行造成极大的影响，对城市轨道交通运输设备、地面设施造成不同程度的损坏。

❶ 地震灾害

地震应急是指破坏性地震发生前所做的各种应急准备以及地震发生后采取的紧急抢险救灾行动。城市轨道交通系统遭遇地震，可能导致线路建筑结构、设施设备等发生变形、损坏、塌陷，造成财产损失及人员伤亡；也可能导致线路列车损坏、脱轨等情况发生，造成人员伤亡及次生事故等。

地震发生后，依据相应震级情况，根据《中华人民共和国突发事件应对法》和《国家地震应急预案》，按照"先全面、后局部，先救人、后救物，先抢救通信、供电等要害部位、后抢救一般部位"的原则，开展有关工作，减少地震灾害对城市轨道交通运营造成的影响，最大限度地减轻人员伤亡和财产损失，在确保安全的情况下，尽快恢复正常运营。

案例链接

伊朗列车因地震而脱轨爆炸事故

事故概况：2004年2月18日，伊朗一列装有燃料和化学物品的列车在行驶到距离首都德黑兰以东650km处的呼罗珊省海亚姆车站时发生爆炸，5个村庄被毁。爆炸共造成328人死亡，460人受伤。

事故原因：事发当地上午发生了里氏3.6级地震，地震可能导致列车滑出车站，最终酿成悲剧。

遇难者遗体

列车残骸

地震发生后，城市轨道交通工作人员应保持沉着镇静，抓紧救护乘客。

（1）车站工作人员选择较安全的位置紧急避险后，应尽快积极开展疏导乘客、救护伤员及组织乘客自救互救工作。

（2）当班列车司机应立即采取措施停车，发现列车受损，不能运行时，应立即采取措施安抚乘客，组织乘客有步骤、有组织地脱离险境，如列车可继续运行，未进站的列车则应运行至前方车站。

（3）行车值班人员应关闭正在操作的设备，就近选择较安全的位置紧急避险。

（4）车站关键岗位值班人员，选择较安全的位置紧急避险后，应坚守岗位，立即进入抗震抢险救灾状态。

> **小知识**
>
> 《城市轨道交通行车组织管理办法》（交运规〔2019〕14号）第三十一条：
>
> 发现有明显震感时，行车相关人员可视情况采取加强瞭望、限速、停运、封站等应急处置措施。根据不同地震烈度，应按照以下要求组织行车调整：
>
> （1）地震烈度为5（含）~6（不含）度的，列车司机应加强瞭望、监控，行车调度人员组织全线全面检查行车相关设施设备运行及受影响情况，必要时采取紧急措施。
>
> （2）地震烈度为6（含）~7（不含）度的，列车运行速度不应超过25km/h。必要时，行车调度人员应扣停开往受影响区段的列车，组织已进入区间的列车退回发车站。
>
> （3）地震烈度为7（含）度以上或行车关键设施设备损坏的，行车调度人员应组织在站列车清客后退出服务，组织区间列车在确保安全的条件下，运行至就近站清客后退出服务，列车运行速度不应超过25km/h。如列车迫停区间，应组织乘客区间疏散。

❷ 恶劣天气

恶劣天气容易造成城市轨道交通事故的自然灾害主要有洪水、台风、雷击等，有可能造成淹溺乘客或者员工，冲毁轨道交通运营设施设备、淹没隧道等，临时用电中断、交通中断等严重后果。城市轨道交通运营企业应按照"统一指挥，快速反应，各司其职，配合协同，确保安全"的原则，按照相关应急预案迅速、有效地采取应急措施，保障城市轨道交通运营安全。

《城市轨道交通行车组织管理办法》（交运规〔2019〕14号）第三十二条：

遇恶劣天气时，行车相关人员可根据情况及时采取加强瞭望、限速、停运、封站等措施，并应按照以下要求组织行车调整：

（1）对于地面及高架线路，风力波及区段风力达7级时列车运行速度不应超过60km/h，风力达8级时列车运行速度不应超过25km/h，风力达9级及以上时应停运。

（2）遇雾、霾、雨、雪、沙尘等恶劣天气瞭望困难时，地面及高架线路列车应开启前照灯，限速运行，适时鸣喇叭。当瞭望距离不足100m、50m、30m时，列车运行速度分别不应超过50km/h、30km/h、15km/h；瞭望距离不足5m时，列车司机应立即停车。列车司机无法看清信号机显示、道岔位置时，应停车确认，严禁臆测行车。

暴雪后清除轨道积雪

暴雨前疏通下水道

（3）因降雨、内涝等造成车站进水，严重影响客运服务的，行车调度人员可根据车站实际情况申请发布封站命令，组织列车越站运行。线路积水超过轨面时，列车不得通过。

恶劣天气下列车起动时应采用适当缓慢加速的方式，避免动车轮空转。

恶劣天气下列车制动时，应适当延长制动距离，提早采取制动措施，避免车轮产生滑行。

轨道交通高架或地面线路运行的列车发生雷击事故时，为保证乘客人身安全，列车须停止运营，并通过列车广播、车站内广播、媒体等手段向外发布停运信息，正在运营中的列车运行至就近车站停运，并组织乘客疏散并关闭车站。

案例链接

印度列车因洪水而脱轨事故

事故概况：2005年10月29日凌晨，一列印度"三角快车"公司所属列车，行驶到安得拉邦首府海得拉巴以南约30km处时突然脱轨。高速行驶的列车头带着7节车厢顷刻间脱轨，其中5节淹没于滚滚波涛中，另外2节倾覆在旁边的泥地里。

事故原因：连日洪水是这起重大车祸的罪魁祸首，该桥由于遭洪水冲击突然坍塌，导致列车在经过此桥时坠入河中。

事故现场

救援现场

2. 事故灾难

❶ 停电事故

一旦城市轨道交通系统发生停电事故，城市轨道交通运营单位应按照"以人为本、服务乘客、快速处置、尽快恢复供电、减少事件对运营造成的影响"的原则进行事故处置。停电事故可能导致乘客恐慌甚至拥挤,因此最重要的是如何在最短的时间内将乘客疏散到安全地点。

列车车厢停电

车站停电

当发生车站停电事故时,各岗位应按以下要求做好应急处置工作:

(1)应急管理部门应及时做好应急信息发布、线路运营调整动态监控工作,视情调配抢险抢修资源,申请外部力量支援。

(2)OCC应预判停电影响并通知全线车站,根据现场情况及车站申请做好影响区段的行车组织调整工作,并根据停电影响及时启动车站疏散工作。

(3)车站应立即停止电梯运行并确认有无伤人、困人情况,及时做好乘客信息告知、客运组织、安全提示工作,根据现场情况及时向OCC提出列车跳停、车站疏散等运营配合请求;接应引导抢险抢修队伍并做好抢修配合工作;若发生人员伤亡情况,车站应立即进行先期救助,同时通知医疗部门并配合做好人员救助工作。

(4)当车站停电发生在夜间、地下车站等能见度不能满足车站正常运营条件时,若应急照明故障,车站应立即向OCC申请启动疏散工作;若应急照明正常,停电15min内车站应实施"只出不进"管控措施,当停电达15min以上仍无法恢复正常照明时,车站应立即向OCC申请启动疏散工作。

（5）列车司机应根据OCC指令行车，并及时做好车上乘客的信息告知及安抚工作。

（6）接到抢修指令后，相关专业抢险抢修队伍应立即赶赴现场，确定现场抢修总负责人，并根据现场抢修总负责人要求开展抢修作业。

（7）现场抢修总负责人应做好信息对接工作，制订供电等设施设备抢修方案，组织落实安全防护措施，协调指挥现场抢修作业，视情向相关单位/部门提出运营配合要求，抢修结束后明确运营限制，组织做好设施设备测试及清场工作。

（8）根据停电影响、抢修进展及客流滞留情况，各岗位应视情按大客流处置、车站疏散等预案要求及时做好相关应急处置工作。

列车、区间疏散演练

当接触网/接触轨停电发生在正线时，各岗位应按以下要求做好急处置工作：

（1）应急管理部门做好路网运营动态监控及应急信息发布工作，视情调配抢险抢修资源、申请外部支援力量。

（2）OCC应及时预判故障影响并通知全线车站，做好线路行车组织调整工作，必要时及时启动区间迫停列车的乘客疏散工作。

（3）列车司机应根据OCC指令做好行车组织工作，落实车上乘客信息告知及安抚工作，必要时配合做好现场抢修工作。

（4）车站应根据现场情况及时做好乘客信息告知、客运组织工作，接应引导抢险抢修队伍，必要时根据OCC指令及时做好区间迫停列车的乘客疏散工作。

（5）接到抢修指令后，相关专业抢险抢修队伍应立即赶赴现场，确定现场抢修总负责人，并根据现场抢修总负责人要求开展抢修作业。

（6）现场抢修总负责人应做好现场信息对接工作，制订现场抢修方案，组织落实安全防护措施，协调指挥现场抢修作业，视情向相关单位/部门提出运营限制及配合要求，抢修结束后明确动车条件及运营限制，组织做好设施设备测试及清场工作。

（7）根据停电影响、抢修进展及客流滞留情况，各岗位应视情按车站疏散、区间疏散、大客流处置等预案要求及时做好相关应急处置工作。

❷ 列车事故

城市轨道交通列车事故一般指列车因故晚点300s以上，常因列车突发故障或人为误操作引起，也可能因其他设备故障引起的挤岔、脱轨等。会导致运营事故的列车故障通常有客室车门故障、牵引控制系统故障、制动系统故障和信号系统故障。

全列车客室车门不能按指令开启或关闭时，应该先确认客室车门控制保险，再依次确认司机室激活钥匙、门选向开关、开（或关）门按钮、零速继电器状态是否正常；自动驾驶的列车应考虑信号系统及总线传输的问题。个别车门不能正常按指令开、闭时，应考虑门控制器故障、门传动系统故障和门板处存在异物的干扰。

全列车牵引控制系统故障：在确认门全关闭、信号系统正常、制动机缓解正常时，应考虑列车牵引控制保险、确认司机室激活钥匙、门选向开关、主手柄故障；个别车牵引故障可依据情况考虑断开故障车的牵引控制保险继续维持运行，经3站运行（或大于10min）后闭合该保险，若故障已消除可做好记录，继续正常运行。

第二章　突发事件应急处置

全列车紧急制动系统因故不缓解时，要检查总风压力、信号系统、紧急制动按钮、制动和紧急制动的控制保险、车门紧急解锁装置、站台门系统以及控制台激活钥匙、主手柄位置状态，依具体情况按规定处置。

个别制动机故障未执行缓解指令时，可采用按压强缓按钮或关闭故障车强迫缓解塞门的方式维持运行。

信号系统故障：通常表现为丢码、失位和死机。依据情况及时报告行车调度员，申请车载信号系统重启或降级维持运行至前方有源信标处扫码复位。全列站台门监控故障时，可先更换开关门按钮再次操作，若无效可改用PSL（Platform Screen Doors Local Control Panel，就地控制盘）开关控制站台门的开闭。个别站台门故障时可告知车站工作人员尽快处置。

当列车事故发生在正线时，各岗位应按以下要求做好应急处置工作：

（1）OCC及时做好应急信息发布、线路运营调整动态监控工作，视情调配抢险抢修资源或申请外部支援力量。

（2）OCC根据现场情况预判事故影响并通知全线车站，做好行车组织调整工作，封锁事故区段，落实本线及邻线安全防护措施。

①若事故发生在区间，OCC应及时启动乘客区间疏散工作，并在人员进入线路前做好第三轨线路断电等防护工作。

②若事故发生在车站，OCC应及时组织列车司机、车站做好列车清客作业。

（3）列车司机应根据OCC指令做好行车、区间疏散或清客作业，及时落实车上乘客的信息告知与安抚工作，密切关注行车安全，并根据现场需要做好抢修配合工作。

（4）车站应及时做好乘客信息告知、客运组织、人员先期救助工作，并根据OCC指令做好事发列车的乘客区间疏散或清客作业；接应引导抢险抢修队伍及公安、医疗外部支援力量，待支援力量到达后应配合做好人员救助、现场抢险抢修等工作。

（5）接到抢修指令后，相关专业抢险抢修队伍应立即赶赴现场，确定现场抢修总负责人，并根据现场抢修负责人要求开展抢修作业。

（6）现场抢修总负责人应做好现场信息对接工作，制订列车及相关设施设备抢修方案，组织落实安全防护措施，协调指挥现场抢修作业，必要时向相关单位/部门提出运营配合要求，并在抢修结束后明确动车条件及运营限制，组织做好设施设备测试及清场工作。

（7）根据事故影响、抢修进展及客流滞留情况，各岗位应视情按照区间疏散、大客流处置、公交配套保障等预案要求及时做好相关应急处置工作。

❸ 道床伤亡事故

城市轨道交通道床伤亡事故是指地铁运行进程中，非城市轨道交通职工、公安人员被列车撞、轧而致使的人员伤亡的事故。道床伤亡应急处置工作应遵循"安全第一、快速反应、救助为先、及时处置、减少危害、降低影响"的原则。

城市轨道交通系统发生道床伤亡事件时，各岗位应按以下要求做好应急处置工作：

（1）OCC及时做好应急信息发布、线路运营调整动态监控工作，视情申请外部支援力量。

（2）OCC应预判事件影响并通知全线车站，做好行车组织调整工作，及时落实本线及邻线安全防护措施，封锁事发区段。

①若事件发生在高架、地面线路或侧式站台车站，OCC应严禁事发区段邻线列车动车，确保下线人员的人身安全。

②若事发列车车况良好、可恢复正常运行，OCC应安排事发列

车运营至终点站后退出运营。

道床伤亡事故应急演练

（3）OCC应密切关注现场处置进展情况，若事件发生在车站或列车司机需要援助，OCC应通知事发车站/相邻车站值班站长至现场进行处置。

（4）列车司机应及时做好车上乘客信息告知及安抚工作，根据OCC指令进入线路确认人员伤亡情况并进行处置。

①当事件发生在区间时，若受伤人员可移至司机室，列车司机应将其移至司机室并带至前方车站，移交给车站处置；若列车司机无法自行处置伤亡人员，应向OCC申请援助、等待救援。

②在站线内处置过程中若需列车移位，列车司机应听从值班站长指挥进行移位。

③若事发列车可恢复正常运行，列车司机应确认列车车况良好，根据OCC指令行车。

（5）车站应及时做好乘客信息告知、客运组织、围观乘客的疏散引导工作，根据OCC指令携带必要的应急物品进入线路或登乘后续列车赶赴现场；接应引导公安、医疗等外部支援力量，会同公安进行现场调查取证；及时做好受伤人员的先期救助，将死者移至轨道外侧、站台指定区域，并做适当覆盖，确保不会造成二次碾压。

①处置过程中若需列车移位，值班站长应会同列车司机确认所

有人员撤离至安全区域后方可令列车司机移位。

②若需二次下现场处置，值班站长应报OCC，经OCC同意后方可再次进入线路。

③若事发列车可恢复正常运行，值班站长应在确认所有人员撤离至安全区域后，向列车司机签字动车单。

（6）根据事件处置进展及客流滞留情况，各岗位应视情按大客流处置等预案要求及时做好相关应急处置工作。

车站大客流场景

3. 公共卫生事件

城市轨道交通列车或站点区域客流密集，一旦发生公共卫生事件，如肺鼠疫、非典型肺炎、人感染禽流感、新冠肺炎等传染性疾病，会造成乘客安全隐患，进而引发社会恐慌等。突发公共卫生事件应急处置工作应遵循"安全第一、预防为主、防救结合、及时处置"的原则。

❶ 公共卫生事件的应对

当接到公共卫生事件预警时，各岗位应按以下要求做好预防、应急准备及处置工作：

（1）领导小组应根据上级部门、疾病防控部门的公共卫生事件预警信息，及时做好轨道交通区域公共卫生预警信息的发布、调整工作，并根据预警信息视情向各单位发布应对公共卫生事件的防御工作要求或工作指令。

（2）接到公共卫生事件通知或预警后，各单位应立即组织成立本单位工作小组，根据集团领导小组工作要求进一步细化公共卫生事件防控措施与方案，组织开展本单位公共卫生事件预防工作。

（3）各单位工作小组应根据医疗卫生机构的要求组织车站、设备管理部门做好工作区域、车站/列车等公共区域及设施设备、票卡的清洗消毒工作。

车站公共区域设备消毒

（4）各单位工作小组应建立定期检查制度，每日对在岗工作人员的身体情况进行初步了解，一旦发现工作人员出现疑似感染或异常情况，应立即通知医疗卫生机构进行检查确认并配合做好后续处置工作，及时做好相应岗位的人员调整工作。

（5）车站等各岗位工作人员应根据要求及时做好轨道交通区域的巡视检查工作，密切关注工作人员、乘客的身体状况，一旦发现异常应立即按要求进行信息报告。

❷ 城市轨道交通新冠肺炎疫情防控

国家《重点场所重点单位重点人群新冠肺炎疫情常态化防控相关防护指南》对于城市轨道交通的疫情防控要求如下：

（1）做好口罩、洗手液、消毒剂等防疫物资储备，制订应急预案，设置应急处置区域，落实单位主体责任，加强人员健康培训。

（2）工作人员疫苗接种做到应接尽接，接种疫苗后仍需注意个人防护。建立工作人员健康监测制度，每日对工作人员健康状况进行登记，如出现可疑症状应及时就医。定期进行核酸检测。

国务院发布《重点场所重点单位重点人群新冠肺炎疫情常态化防控相关防护指南（2021年8月版）》

（3）在进站口进行体温检测，体温正常者方可进入。

（4）加强设备巡检，保证站台和列车车厢通风系统正常运行。站厅如使用集中空调，开启前检查设备是否正常，新风口和排风口是否保持一定距离，对冷却塔等进行清洗，保持新风口清洁；列车运行过程中尽可能减少回风、增大新风量。

（5）做好城市轨道交通站公用设施和公共区域的清洁消毒，卫生间和洗手池配备洗手液，站厅等人员出入较多的区域配备速干手消毒剂。

（6）车辆保持环境卫生整洁，及时清运垃圾，对座位、扶手等做好清洁，定期消毒。

（7）乘客优先采用扫码支付等非直接接触方式购票。

（8）注意个人卫生，及时进行手部清洁，戴手套，避免用未清洁的手触摸口、眼、鼻，打喷嚏、咳嗽时用纸巾遮住口鼻或采用肘臂遮挡等。

（9）工作人员工作期间，全程戴医用外科口罩或以上级别口罩，戴一次性手套；乘客戴一次性使用医用口罩、医用外科口罩或以上防护等级口罩。口罩弄湿或弄脏后，及时更换。

（10）在站厅和列车车厢通过广播、视频、海报等加强新冠肺炎防控知识宣传。

（11）根据客流情况，合理组织运力，降低列车满载率。

（12）当出现新冠肺炎确诊病例、疑似病例和无症状感染者时，应在当地疾病预防控制机构的指导下进行终末消毒。

车站设施设备消毒

对于城市轨道交通运营企业，要科学精准做好客流预判和监控，做好运营组织，科学匹配运力，确保运营组织的安全有序。在新冠疫情防控方面建议做好"七强化"措施：

（1）站、车强化通风。疫情防控期间，建议城市轨道交通运营企业做好列车、车站、隧道、工作场所的通风换气，列车上线运行期间，确保通风工况正常，并延长车站运营前后的通风时间。

（2）站、车强化消毒。疫情防控期间，建议城市轨道交通运营企业每日在停运维护时，做好列车内部的清洁消毒，并通过贴纸等形式公示消毒情况，车厢内如发生疑似病例，将立即下线进行彻底消毒。同时，对车站内栏杆、扶手、乘客座椅、电梯轿厢、票务设施、自助设施、客服中心、乘客休息室、商铺等重点部位卫生消毒建议每日不少于2次，间隔不超过6h；邻近医院、交通枢纽、旅游景点等车站及换乘站卫生消毒每日不少于4次，间隔不超过4h；轨道交通区域内的公厕、安检设备按照1次/h的频率定时清洁消毒。

（3）乘客强化防控。疫情防控期间，建议城市轨道交通运营企业对各线路车站实施乘客"测温"进站，由专人通过手持非接触式体温仪或非接触式热成像测温仪，对进站的每一位乘客进行体温筛查。要求乘客全程佩戴口罩乘坐地铁，对于未佩戴口罩的乘客将进行劝离。

乘客进站测温

（4）疑似病例强化应对。疫情防控期间，建议城市轨道交通运营企业在每座车站设置隔离区，如发现疑似病例，根据有关预案要求首先拨打120，在卫生防控人员赶赴现场前，带至隔离区防护，同时避免人流聚集围观；防控人员抵达后，配合做好后续处置工作；同步通知属地街镇及卫生防疫联系人；疑似人员离站后，在公安人员协助下，对隔离区及相关公共区域进行消毒，必要时临时关闭出入口或其他服务设施；同时，车站还将做好有毒有害垃圾分类处置及消毒工作。另外，疑似病例离开后，对包括空调系统、患者所涉及物品和场所进行全面清洁消毒。

车站临时隔离区

（5）员工强化防护。疫情防控期间，建议城市轨道交通运营企业针对运营窗口单位员工，减少不必要的异地流动，全员接种疫苗。对列车司机、调度员、站务员等重点关键岗位实施岗前体温检测措施，并要求一线服务岗位佩戴口罩上岗。

员工防护

（6）宣传强化引导。疫情防控期间，建议城市轨道交通运营企业进一步加强城市轨道交通出行的乘客个人防护宣传工作，可以设计制作相关的宣传画，并采用视频、灯箱广告等方式，在各车站、列车车厢的移动电视、LED（Light Emitted Diode，发光二极管）大屏、广告灯箱、便民信息架等，以及官方微博、微信、相关App（应用程序）等线上资源中发布，提醒乘客互相督促，从个人做起，共同抗击疫情。

宣传引导

（7）客流强化组织。疫情防控期间，建议城市轨道交通运营企业积极应对客流变化，全力落实好疫情防控期间城市轨道交通列车满载率控制措施，努力降低车厢乘客聚集带来的交叉感染风险，切实保障出行安全。

在车站管控方面,结合疫情防控测温要求,通过绕行、分段限流、分批放行、调整车站设备等措施,控制进站速度,灵活调整限流强度,从而降低人流密度。同时还可以根据列车满载情况,启动相应的联动机制,协同管控。必要时,还可以实施邻站或邻线配合限流,均衡降低人群聚集密度。

有序的客流组织

在列车管控方面,结合路网线路断面客流数据分析,针对高满载率区段,通过缩短或调整停站时间,加开列车疏散大客流,提升重点区段运能、动态调整行车交路、列车载客通过不停靠等运营调度手段,均衡列车客流满载率,最大限度控制人流密度。

工作人员对列车车厢进行消杀

4. 社会安全事件

城市轨道交通系统发生社会安全事件(火灾、爆炸、毒气等)可能引发乘客拥挤,造成行车延误、中断及运营秩序紊乱。情况严重时可能直接导致人员伤亡情况,或因乘客恐慌造成治安事件影响范围扩大,甚至引发踩踏等次生事故。

(1)车站、线路发生火灾、爆炸、毒气:

①运营调度员或值班员应立即扣停可能驶入事发区域的列车。

②运营调度员根据现场情况发布行车调整的调度命令，采取越站、变更行车交路或停运等措施，视情对已进入区域的列车组织驶离、越站或退回发车站。

（2）列车发生火灾、爆炸、毒气：

①列车在地下或高架线路发生火灾、爆炸、毒气等事件时，列车司机应尽量维持列车进站，并立即报告行车调度人员，行车调度人员应通知车站和列车司机组织乘客疏散。

②列车不能维持进站或继续运行无法确保安全的，应立即组织区间疏散，列车司机应向乘客告知疏散方向，组织乘客逃生，并报告行车调度人员，行车调度人员应立即扣停可能驶入受影响区域的列车，会同电力、环控调度人员及时对接触网(轨)停电，启动相应环控模式，通知疏散区间两端车站安排人员引导乘客。

③列车在地面线路发生火灾、爆炸、毒气等事件时，应立即停车，及时疏散。

第三章 伤员救护

乘客在城市轨道交通管辖范围内突发疾病时,应本着救死扶伤、全力以赴的原则给予救助,不能置之不理、不闻不问,要保持冷静,沉稳应对。

先排险后施救,先重伤后轻伤,先复苏后固定,先止血后包扎,先急救后转运,急救与呼救并重。

1. 救护四原则

❶ 正确判断伤情

首先对伤员的处境和伤情进行全面检查和判断,比如,是否有重物压在伤员身上,是否有异物插入伤员体内,伤员是否出现昏迷、呼吸中断等症状,伤员是否出血、骨折等。对于意识清醒的伤员,要询问哪里疼痛和不适,初步判断受伤部位,以便选择正确的急救方法。

❷ 科学施救,避免造成二次伤害

施救人员要沉着、仔细,根据伤员的处境和伤情,科学实施救护。从轨行区、列车车厢内等狭小空间中移出伤员时,动作要轻柔,尽可能移开压在伤员身上的物品,不要强行拉拽伤员的肢体;不要随意拔出插入伤员体内的异物;正确搬运伤员,避免因搬运不当加重伤员伤势。

❸ 选择安全的场所实施救护

尽快将伤员救离事故现场，尽量选择站台、站厅或站外平地等开阔区域，在救护车或救护人员能够接近的安全地方以及夜间有照明的地方实施抢救，不能在轨行区、密闭狭小空间等危险区域实施抢救。尽可能用救护车运送伤员，使伤员平卧，减少运送途中的二次损伤。

❹ 先救命，后治伤

在等待专业救护人员赶赴事故现场时，要先抢救昏迷、休克、呼吸中断的重症伤员，再护理需伤口包扎、固定等处理的一般伤员。

2. 失血包扎

❶ 指压止血法

用手指或敷料直接压迫出血部位近心端的动脉，阻断动脉血液流动，以达到快速止血的目的。不同部位动脉出血的指压止血方法及操作要求见表3-1。

不同部位动脉出血的指压止血方法及操作要求　　表3-1

出血部位	压迫方法	操作要求
颞浅动脉	用拇指或食指在伤员耳前正对下颌关节处（耳屏上方1.5cm处）用力压迫止血	（1）指压动脉压迫点准确； （2）压迫力度适中，以伤口不出血为准； （3）压迫10～15min； （4）保持受伤一侧肢体抬高
颈总动脉	（1）用拇指或食指在伤员气管外侧、胸锁乳突肌前缘，将伤侧颈动脉向后压于第五颈椎上止血； （2）禁止同时压迫两侧的颈动脉	（1）指压动脉压迫点准确； （2）压迫力度适中，以伤口不出血为准； （3）压迫10～15min； （4）保持伤处肢体抬高

续上表

出血部位	压迫方法	操作要求
肱动脉	在伤员上臂中段的内侧摸到肱动脉搏动后，用拇指或其余四指压迫止血	（1）指压动脉压迫点准确； （2）压迫力度适中，以伤口不出血为准； （3）压迫10~15min； （4）保持伤处肢体抬高
股动脉	在腹股沟韧带中点偏内侧下方摸到股动脉搏动后，用拇指或掌根向外上压迫止血	
桡、尺动脉	用双手的拇指同时按压腕部掌面两侧的桡、尺两条动脉止血	

❷ 加压包扎止血法

用敷料或者洁净的毛巾、三角巾等覆盖伤口，通过加压包扎压迫出血部位进行止血。操作步骤及要求见表3-2。

加压包扎止血的步骤及操作要求　　　表3-2

步骤	操作内容	操作要求
第一步	准备包扎物品	准备纱布、三角巾或绷带等
第二步	清除伤口异物	让伤员卧位，抬高上肢，检查伤口，清洗伤口并清除伤口处的异物

续上表

步骤	操作内容	操作要求
第三步	用纱布垫敷于伤口 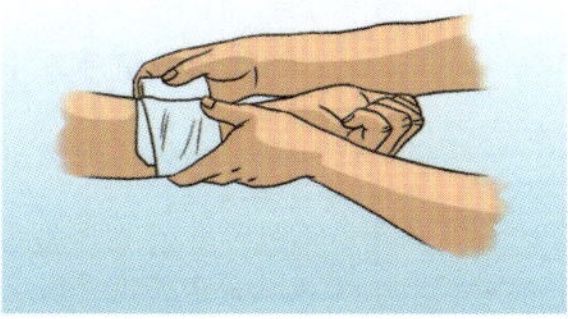	用敷料覆盖伤口，敷料要超过伤口至少3cm
第四步	加压包扎 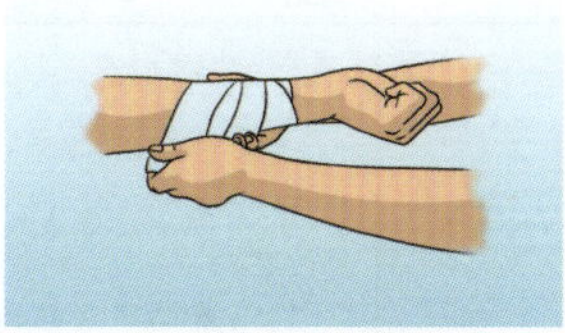	用手施加压力直接压迫，用三角巾或绷带紧紧包扎出血部位
第五步	检查血液循环情况 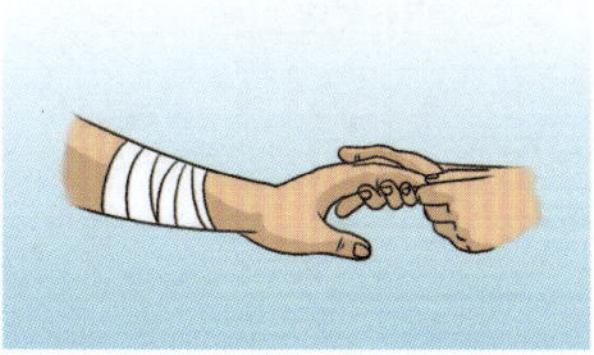	包扎后，注意观察肢体末梢血液循环情况，正常应无明显青紫肿胀及感觉麻木等症状

❸ 加垫屈肢止血法

对于前臂、上臂或小腿出血，且没有骨折和关节损伤的情况，可以通过加垫屈肢达到止血目的。加垫部位及操作要求见表3-3。

加垫部位及操作要求　　　　表3-3

出血部位	加垫部位	操作要求
上肢前臂	肘窝 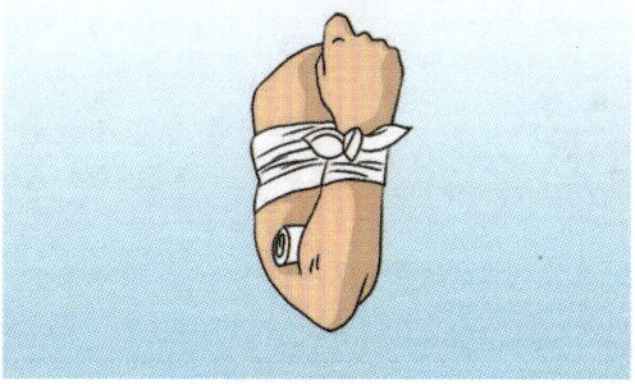	（1）准备纱布或毛巾、三角巾或绷带； （2）在肘窝处放置纱布、毛巾或衣物等物； （3）肘关节屈曲，用绷带或三角巾屈肘固定

续上表

出血部位	加垫部位	操作要求
上肢上臂	腋窝 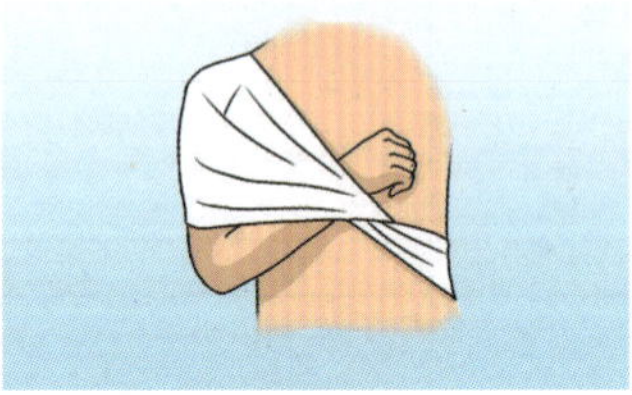	（1）准备纱布或毛巾、三角巾或绷带； （2）在腋窝处放置纱布、毛巾或衣物等物； （3）将前臂屈曲于胸前，用绷带或三角巾将上臂固定在胸前
下肢小腿	腘窝 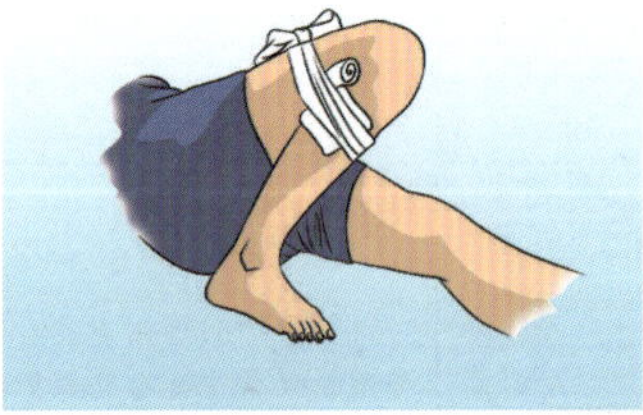	（1）准备纱布或毛巾、三角巾或绷带； （2）在腘窝处放置纱布、毛巾或衣物等物； （3）膝关节屈曲，用绷带屈膝固定

④ 绷带包扎法

用绷带包扎伤口，目的是固定盖在伤口上的纱布，固定骨折或挫伤，并有压迫止血的作用，还可以保护患处。不同绷带包扎方法的操作要求见表3-4。

不同绷带包扎方法的操作要求　　　　表3-4

包扎方法	图示	操作要求
环形包扎	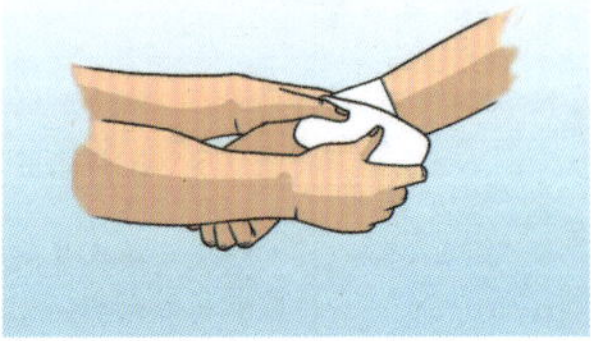	（1）准备纱布、绷带、胶带； （2）用消毒敷料覆盖伤口，用左手将绷带固定在敷料上，右手持绷带卷绕肢体紧密缠绕

第三章　伤员救护

续上表

包扎方法	图示	操作要求
环形包扎	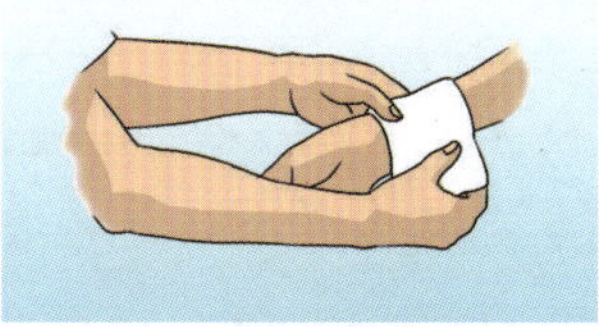	（3）将绷带打开一端稍做斜状环绕第一圈，将第一圈斜出一角压入环形圈内，环形绕第二圈； （4）环形缠绕4～5层，每圈盖住前一圈，绷带缠绕范围要超出敷料边缘
	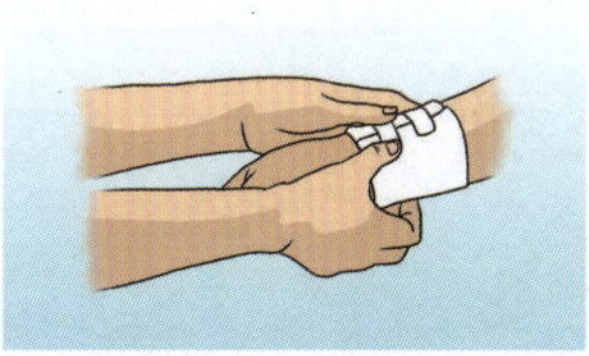	（5）最后用胶布粘贴固定，或将绷带尾从中间纵向剪开形成两个布条，两布条先打一结，然后两布条绕体打结固定
手掌"8"字包扎	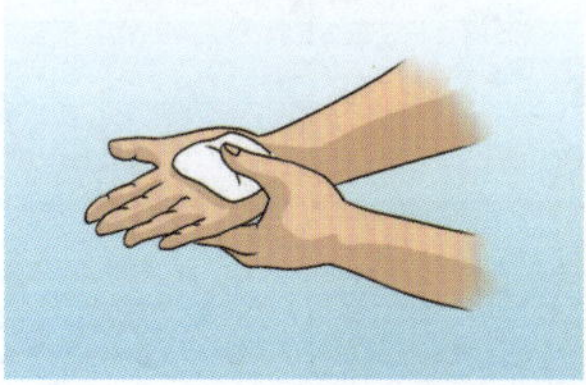	（1）准备纱布、绷带； （2）用消毒敷料覆盖伤口
	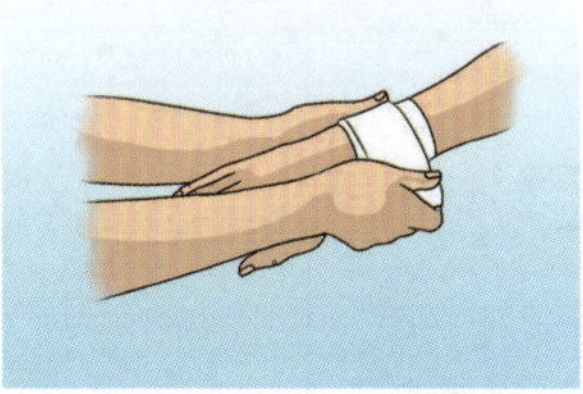	（3）从手腕部开始包扎，先环形缠绕两圈
	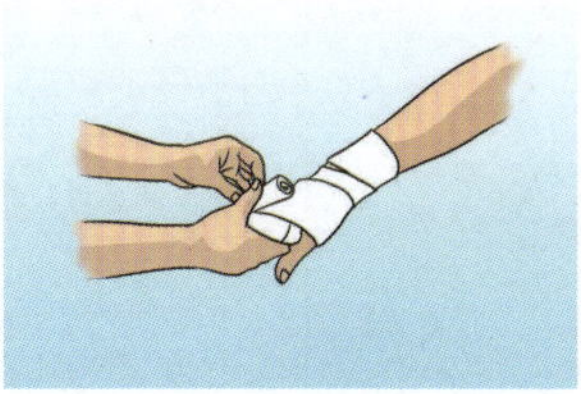	（4）经手和腕进行"8"字缠绕

续上表

包扎方法	图示	操作要求
手掌"8"字包扎	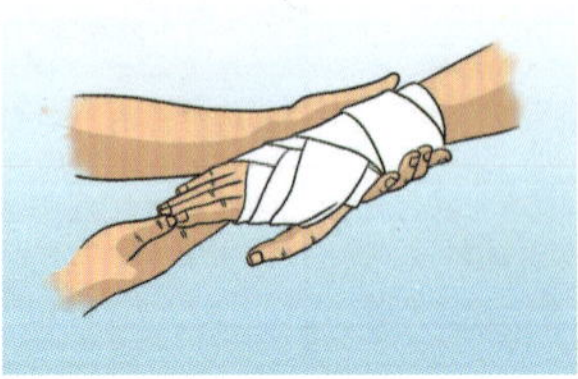	（5）将绷带尾端固定在腕部
螺旋包扎	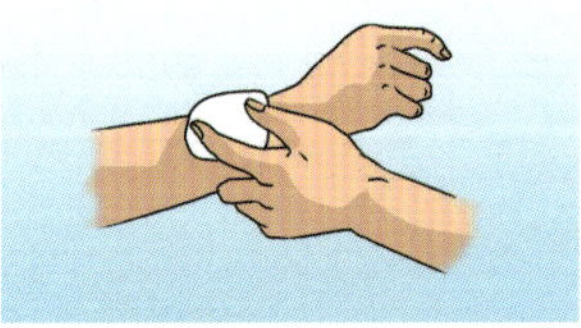	（1）准备纱布、绷带、胶带； （2）用消毒敷料覆盖伤口
	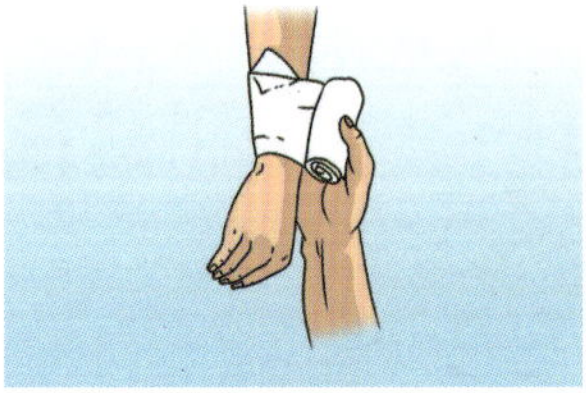	（3）先环形缠绕两圈
	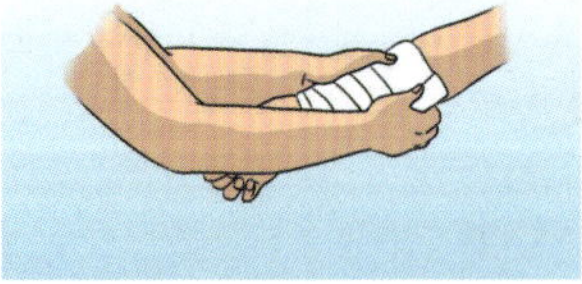	（4）从第三圈开始，环绕时压住前圈1/3或2/3呈螺旋形
	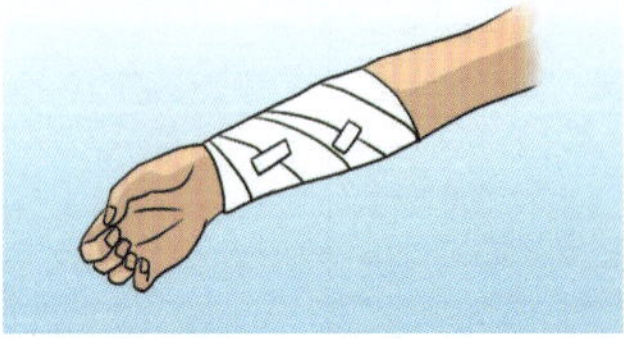	（5）最后用胶布粘贴固定

第三章 伤员救护

❺ 三角巾包扎法

不同三角巾包扎方法的操作要求见表3-5。

不同三角巾包扎方法的操作要求　　表3-5

包扎方法	图示	操作要求
头顶帽式包扎	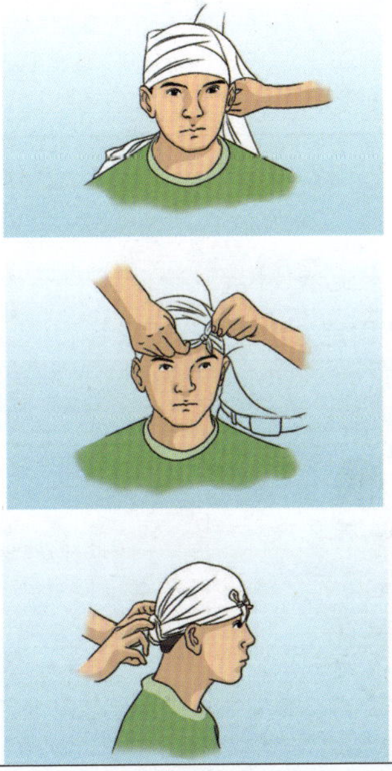	（1）将三角巾的底边叠成约两横指宽，边缘置于伤员前额齐眉，顶角向后位于脑后； （2）三角巾的两底角经两耳上方拉向头后部交叉并压住顶角，再绕回前额相遇打结； （3）顶角拉近，掖入头后部交叉处内
肩部包扎	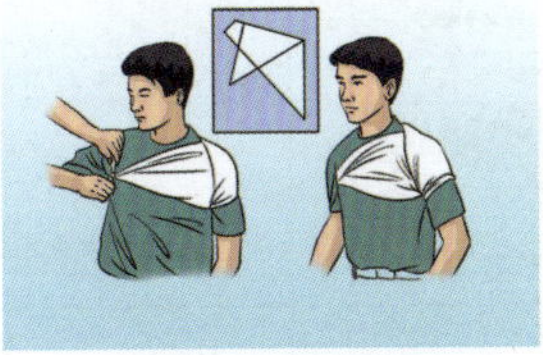	（1）三角巾折叠成燕尾式，燕尾夹角约90°，大片在后压小片，放于肩上； （2）燕尾夹角对准侧颈部； （3）燕尾底边两角绕上肩上部并打结； （4）拉紧两燕尾角，分别经胸、背部至对侧腋下打结
胸部包扎	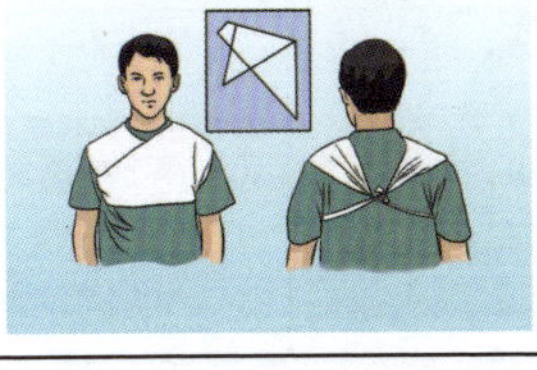	（1）三角巾折叠成燕尾式，燕尾夹角约100°，置于胸前，夹角对准胸骨上凹； （2）两燕尾角过肩于背后，将燕尾顶角系带，围胸在背后打结； （3）将一燕尾角系带拉紧绕横带后上提，再与另一燕尾角打结； （4）背部包扎时，把燕尾巾调到背部即可

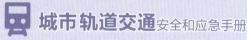

续上表

包扎方法	图示	操作要求
腹部包扎		（1）三角巾底边向上，顶角向下横放在腹部； （2）两底角围绕到腰部后打结； （3）顶角由两腿间拉向后面，与两底角连接处打结

3. 骨折固定

骨折固定方法的操作要求见表3-6。

骨折固定方法的操作要求　　　表3-6

包扎方法	图示	操作要求
肱骨骨折固定方法		（1）将肘关节屈曲90°左右
		（2）置夹板超过肘关节和腕关节，并在骨突出处加垫纱布
		（3）先固定骨折部位上端，再固定骨折部位下端

续上表

包扎方法	图　示	操作要求
肱骨骨折固定方法		（4）检查末梢血液循环情况，正常应无明显青紫肿胀及感觉异常等症状
		（5）用三角巾、毛巾或大悬臂带等悬吊前臂
下肢骨折固定方法		（1）轻轻抬起伤肢与健康肢并拢
		（2）放好宽布带，双下肢间加厚垫
		（3）自上而下打结固定

续上表

包扎方法	图　示	操作要求
下肢骨折固定方法		（4）检查肢体末端血液循环情况，正常应无明显青紫肿胀及感觉异常等症状
		（5）双踝关节"8"字形固定

4. 烧伤救护

（1）烫伤的急救方法。

烫伤的症状为：皮肤发红、起泡、感觉疼痛。在现场对烫伤进行处理时应首先考虑尽快降温，可以用流动的干净温水持续冲洗烫伤部位，直到不红、不疼、不起泡为准。

（2）烧伤的急救方法。

内部组织受损的烧伤，可引起呼吸困难、休克、烧伤性疾病等危险，发现有烧伤的伤员时，要采取以下急救措施：

①迅速脱掉烧着的衣服，或采用浇冷水、就地打滚等方式扑灭衣服上的明火。

②用流动的干净温水持续冲洗除脸部之外的烧伤部位，直到不红、不疼、不起泡为准。

③用消过毒的纱布或清洁的被单覆盖除脸部之外的烧伤创面，不可用沙土、粉剂、油剂等敷抹。

④适量饮用淡盐水,防止脱水休克。

⑤若烧伤部位出现水泡,可以用塑料袋或保鲜膜轻轻覆盖在水泡上进行保护。

⑥反复检查呼吸和脉搏,防止休克,并尽快将伤者送往医院。

5. 伤员搬运

救助人员要根据伤员伤情的轻重和类型,采取科学、合理的措施搬运伤员,如采用单人搀扶、多人平抬、担架搬运等,避免伤员受到二次伤害。伤员搬运方法的操作要求见表3-7。

伤员搬运方法的操作要求　　　　表3-7

搬运方法	图示	操作要求
单人搀扶		搀扶伤员时,救助人员站在伤员的一侧,将其手臂放在自己肩、颈部,并拉住该手的手腕,另一只手扶住伤员的腰部行走。 单人搀扶法适用于转移伤势较轻、在有人帮助下能自己行走的伤员,比如单侧下肢受伤、头部外伤、上肢骨折、胸部骨折、头昏的伤员等
单人抱持	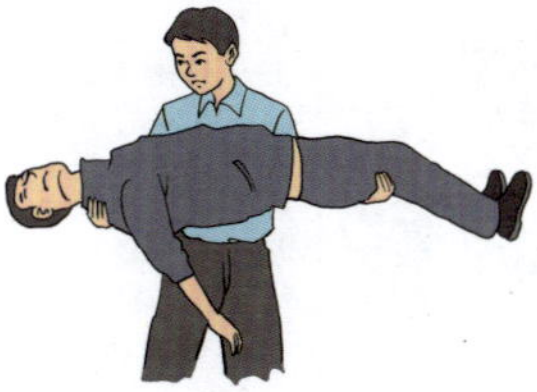	抱持伤员时,救助人员站在伤员的一侧,一手托住伤员的双腿,另一只手紧抱伤员的腰部或肩部,并可让神志清醒的伤员用手钩住自己的颈部。 单人抱持法适用于不能行走的伤员,如头部、胸部、腹部及下肢受重创的伤员

城市轨道交通 安全和应急手册

续上表

搬运方法	图　示	操作要求
单人背运		背运伤员时，救助人员蹲在伤员前面，与伤员面朝同一方向，微弯背部，将病人背起。如伤员卧于地上不能站立，则救助人员卧于伤员一侧，一手紧握伤员肩部，另一手抱起伤员的腿用力翻身，使其负于自己的背上，慢慢站起来。 　　背运伤员法不适于胸部、腹部受伤的伤员
单人水平拖移		水平拖移伤员时，救助人员站在伤员背后，两手从其腋下伸到其胸前，先将伤员的双手交叉，再用自己的双手握紧伤员的双手，并将自己的下颌放在其头顶上，使伤员的背部紧靠在自己的胸前慢慢向后退着走。 　　单人水平拖移法用于不便于直接搀扶、抱持和背运的伤员救护，不论伤员神志清醒与否均可使用
多人平抬		采用多人平抬法时，一人抱伤员的双肩和头部，一人托住伤员的腰臀部，第三人托住伤员的双下肢，使伤员能水平搬运。对于怀疑有颈椎骨折的伤员，宜有一人牵引伤员的头颈部；对有内脏损伤的伤员，宜采用担架、木板等搬运。 　　对于怀疑有颈椎和脊柱损伤不宜站立行走的伤员，现场没有担架或者将伤员转移到担架上时，可采用多人平抬法
担架搬运		将脊柱骨折的伤员搬移至担架时，由3～4人站在伤员的右侧，分别用手托住伤员的肩、背、腰臀部和双下肢，颈椎骨折的伤员还要有一人专门托住伤员的头部，在统一口令下，协同将伤员搬至硬质担架上，并使伤员头向后，以便于后面抬的人观察其病情变化。为防止伤员头部来回晃动，伤员头部两侧要用沙袋或其他垫子塞住。搬运昏迷或有窒息危险的伤员时，要采用侧卧位。 　　担架搬运适用于路程长、病情重的伤员，主要有软质担架（如帆布、被服等）和硬质担架两种。脊柱和颈椎骨折的伤员，要采用硬质担架

第一篇

38

6. 心肺复苏

对心跳、呼吸骤停伤员的有效抢救方法是对伤员进行口对口人工呼吸、胸外心脏按压，操作步骤及要求见表3-8。

心肺复苏抢救的步骤及操作要求　　　　表3-8

步　骤	操作内容	操作要求
第一步	判断伤员意识	（1）将伤员放置在硬板或平整的地面上，使其仰卧（即伤员面部向上平躺）； （2）救助人员跪在伤员的一侧，轻摇伤员肩膀及在耳边呼唤，必要时掐人中穴，判断伤员是否丧失意识
第二步	开放伤员气道	（1）用一手的食指和中指抬起伤员下颌，同时用另一只手掌将伤员的前额下按，使其头部后仰，以保持伤员呼吸气道的开放、畅通； （2）清理伤员鼻腔和口腔中的异物
第三步	判断伤员呼吸情况	（1）将一侧脸颊靠近伤员口鼻，聆听呼吸声，同时观察胸腹有无上下起伏，以此判断伤员有无呼吸，时间5s； （2）若无呼吸，要立即进行口对口人工呼吸

城市轨道交通安全和应急手册

续上表

步骤	操作内容	操作要求
第四步	实施口对口人工呼吸	（1）跪于伤员颈胸部一侧，一手食指和中指托起伤员下颌，另一手掌按住伤员额头，使其头部后仰，同时捏紧伤员鼻翼，包严嘴唇； （2）口对口用力吹气2次，每次持续吹气1s以上，吹气量500~600mL，频率10~12次/min，同时观察胸部起伏情况； （3）如果吹气后胸部起伏，说明气道通畅；如果无胸部起伏，说明气道不够通畅，需要重新清理口腔和鼻腔异物； （4）在伤员呼吸道畅通的情况下，对伤员进行人工呼吸，在伤员胸壁扩张后，即停止吹气，让伤员胸壁自行回缩，呼出空气，如此反复进行
第五步	判断伤员脉搏情况	（1）进行2次人工呼吸后，触摸颈动脉（喉结旁2~3cm）有无搏动，以此判断有无心跳，单侧触摸，时间<10s； （2）如果颈动脉无搏动，必须同时进行胸外心脏按压
第六步	实施胸外心脏按压	（1）用单手掌根紧贴伤员剑突上2cm或胸前中线与双乳头连线交叉处，另一只手平行放在其手背上，十指相扣，仅以单手掌根接触伤员胸骨下1/3处； （2）定位准确，双肘伸直，借身体和上臂的力量，垂直向下按压，使伤员胸廓下陷4~5cm； （3）心脏按压频率为100次/min
第七步	交替实施人工呼吸和胸外心脏按压	（1）完成30次心脏按压即给予2次快速吹气； （2）连做4~5个循环或进行3~4min后，重新检查呼吸和脉搏

7. 危重伤员抢救

❶ 对头部损伤伤员的抢救

如果伤员受伤不严重，神志清醒，呼吸、脉搏正常，可进行伤部止血，包扎处理后，扶伤员靠墙或树坐下，找一块垫子将头和肩垫好。若伤员受伤严重并出现昏迷，要保持呼吸道通畅，密切注意呼吸和脉搏。

在进行救护转移时，护送人员扶助伤员呈半侧卧状，头部用衣物垫好，略加固定，再进行转移。

❷ 对休克伤员的抢救

受伤者失血过多时会出现休克，其症状表现为：面色苍白、四肢发凉、额部出汗、口吐白沫，显得焦躁不安，脉搏跳动变得越来越快和虚弱，最后脉搏几乎摸不出来。这些症状有时会部分出现，有时会同时出现。休克时间过长，可以使伤员致死，要及时采取以下急救措施：

（1）将伤员安置到安静的环境。
（2）抬起伤员腿部直到处于垂直状态。
（3）采取保暖措施，以防止体热损耗。
（4）反复检查呼吸和脉搏。
（5）迅速呼救，及时送往医院。

❸ 对昏迷不醒伤员的抢救

可能引起昏迷不醒的原因有缺氧、中毒、中暑、暴力刺激大脑等。对昏迷失去知觉的伤员，在抢救时要先检查伤员的呼吸情况，并保持伤员侧卧位，以保证其呼吸畅通，防止窒息并及时送往医院救治。

❹ 对大量失血伤员的抢救

如果伤员失血过多，将会出现生命危险，如出现休克等症状，应立即对伤员采取伤口加压止血和包扎措施。失血过多往往会产生休克，所以流血止住后，要继续采取一些防止休克的措施（具体措施见本书前文"对休克伤员的抢救")。

8. 常见急救设备

❶ 车用急救包

车用急救包是用于突发事件发生后自救或互救的应急救护设备,主要包含应急药品和急救工具。

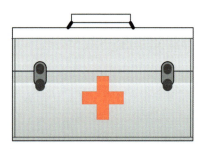

车用急救包

(1)应急药品主要包括:

①急性扭挫伤救护药品。

②风油精、藿香正气水等祛暑药品。

③速效救心丸等急性心脏病救护药品。

(2)急救工具主要包括:

①三角巾、卷状胶带、伸缩性包带、包扎布、急救夹板等包扎工具。

②无纺创可贴、皮肤清洁布、纱布垫、手套等止血工具。

③急救用盖毯、急救手册、口罩、医用剪刀等其他急救工具。

❷ 自动体外除颤器

自动体外除颤器(Automated External Defibrillator,AED)又称自动体外电击器、自动电击器、自动除颤器、心脏除颤器等,是一种便携式的医疗设备,主要用于突发心搏骤停人员的早期除颤,是可被非专业人员使用的用于抢救心源性猝死患者的医疗设备。

自动体外除颤器操作方法如下：

（1）开机。按下开关键，找开AED盖子，此时可听到语音提示。

（2）贴片。取出电极片，根据电极片上的提示将电极片贴在患者右胸上部和左胸左乳头外侧。具体位置可以参考AED机壳上的图样和电极板上的图片说明。

（3）连接。双手离开病人的身体，将电极板插头插入AED主机插孔。

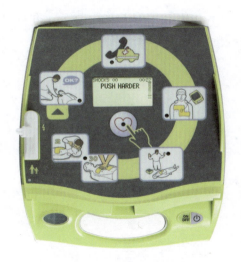

自动体外除颤器（AED）

（4）除颤。按下"分析"键，AED开始自动分析病人的心率。分析完毕后，AED将会发出是否进行除颤的建议。当有除颤指征时，除颤前及过程中不要与病人接触，同时让附近的其他人远离病人，由操作者按下"放电"键除颤。

（5）心肺复苏。除颤结束后，AED会再次分析心率，如未恢复有效灌注心律，操作者应进行5个周期心肺复苏，然后再次分析心率，如此反复至病人苏醒或急救人员到来。

AED使用注意事项

（1）AED放电瞬间可以达到200 J的能量，在给病人施救过程中，按下通电按钮后要立刻远离病人，并告诫身边其他人不得接触、靠近病人。

（2）病人在水中时，不能使用AED进行救治，病人胸部如有汗水需要快速擦干后再使用AED。

（3）如果在使用完AED后，病人没有任何生命特征（呼吸、心跳）需要马上送医院救治。

02

第二篇
乘客篇

第四章 安全乘车

乘客乘坐城市轨道交通出行时，要自觉遵守轨道交通管理条例及乘客守则，做到有序进出站、主动接受安检、先下后上、排队上车、站稳扶好、礼让老幼病残孕乘客，共同维护良好的乘车秩序。

1. 规范进出站

❶ 有序进站

城市轨道交通车站200~500m的区域范围内，均设有站外导向标志牌来引导乘客到达城市轨道交通站点。城市轨道交通车站一般设有两个以上的乘客出入口，每个出入口处都有明显的城市轨道交通标识、线路名称、车站名称、出入口编号等。在站点的出入口或者通道内设有公告栏，用来张贴相关的城市轨道交通运营信息和乘客守则。

城市轨道交通站点周边的引导牌

城市轨道交通车站出入口的标识牌

城市轨道交通车站的公告栏

❷ 自觉购票

乘客需凭有效的乘车凭证乘坐城市轨道交通列车，有效的乘车凭证分为实物票、电子支付凭证和免费乘车凭证三种形式。

实物票形式包括单程票、一日票、三日票、纪念票、公共交通卡以及城市轨道交通运营单位认可的储值型卡券等形式。

电子支付形式是指通过智能手机中各类App支付车票票款，如公共交通卡的电子支付、城市轨道交通运营企业开发的专用App程序等。

免费乘车凭证包括《中华人民共和国残疾军人证》《中华人民共和国离休干部荣誉证》《中国人民解放军离休干部荣誉证》《××省(市)盲人证》《××省(市)革命烈士家属优待证》《中华人民共和国伤残人民警察证》。

另外，每名乘客可以带领一名身高1.3m（含1.3m）以下的儿童免费乘车，超过一名的，联系车站工作人员处理。

单程票可以通过城市轨道交通车站的自动售票机购买。一日票、三日票、纪念票、公共交通卡等可以到车站服务中心购买，其中公共交通卡也可以在车站的公共交通卡充值机上进行购买或者充值。

自动售票机　　　　自助充值机

车站服务中心

票卡使用注意事项

（1）若发生钱币无法使用等问题，可至车站服务中心处理。

（2）每个城市的公共交通卡等通常都有换乘优惠。公共交通卡余额不足时，可至站厅内的自助充值机上进行充值。

（3）使用手机票卡，需要了解所持手机品牌的手机钱包是否具有移卡、删卡、退资功能，便于更换手机后进行相关操作。

（4）使用手机票卡、城市轨道交通运营企业App软件的乘客，在贴有"刷码过闸"字样或图标的闸机上扫描二维码即可直接进出站；该种进站方式可确保乘客在大客流的情况下快速通过闸机。

❸ 配合安检

安检为城市轨道交通的安全运营提供了有力保障。乘客在进站前应主动配合将所携带的物品接受安检人员、安检仪器以及警犬的检查。拒不接受、配合安全检查的，安检人员有权拒绝其进站乘车。

乘客遇可疑物品时，不要轻易地用手去触摸，要远离它，及时向车站工作人员报告。

疫情期间乘客应自觉佩戴口罩、配合安检进行体温测量。

严禁乘客携带的物品如下：

（1）易燃、易爆、有毒、有害、放射性、腐蚀性以及其他有可能危及人身和财产安全的危险物品。

（2）有严重异味、刺激性气味的物品，以及未经安全包装的易碎、尖锐物品。

（3）充气气球、活禽以及猫、狗（导盲犬、军警犬除外）等动物。

（4）自行车（含折叠式自行车）、平衡车、滑板、踏板车、溜冰鞋等助力代步工具（残疾人轮椅车、婴童车除外）。

> **案例链接**
>
> **强行闯关引冲突，拒绝安检被行拘**
>
> （1）某地铁安检点，乘客徐某拒绝配合安检，谩骂并殴打民警面部致软组织挫伤被依法刑拘；乘客代某包裹刀具后乘坐地铁，拒绝安检强行闯关被行政拘留。

（2）新冠肺炎疫情期间乘客唐某进入地铁安检区域不佩戴口罩、不配合体温测量和安检，殴打安检人员被行政拘留；某乘客因为妨碍公务、殴打安检员、不听劝阻携带危险品等违法犯罪行为将被依法追究法律责任。

❹ 出/入闸机

乘客右手持车票或者交通卡，在进口闸机面板的圆形"读卡器"上方稍作停留以供闸机检票；当面板上的显示屏显示车票内的金额时，闸机检票完毕。

持卡出入闸机

乘客应提前打开App，并生成乘车二维码，将手机距离读卡摄像头5cm以上，机器快速识别乘车二维码，即可成功过闸。

手机扫码进站

过三杆式闸机时，用手轻轻拨动水平杆通过，切勿奔跑通过。使用扇形闸机时，确认扇形门完全打开，在通过闸机后请往前走，切勿在闸机通道停留或往返走。成人带小孩通过闸机时，须照顾好小孩，确保安全，有需要的乘客可从专用通道进出。

闸机与专用通道

❺ 乘坐电梯

（1）自动扶梯。

乘客在乘坐自动扶梯时须看清自动扶梯运行方向，切勿在自动扶梯口范围内站立逗留。乘坐自动扶梯时握好扶手，面向前方站稳，切勿在乘梯时阅读报纸、手机，或把头探出扶梯张望。请勿逆行、攀爬、玩耍、奔跑、依靠或争先恐后。请勿依靠电梯侧挡板、扶带。

乘坐自动扶梯注意安全

穿软底凉鞋、长裙或携带物品的乘客，请勿将鞋面、裙摆或随身物品贴近扶梯台阶及边缘，避免被夹或卷入。离开自动扶梯时请留意踏板，小心踏出。

注意扶梯台阶及边缘

使用轮椅，携带婴儿车、手推车、行李或大件物品时，请勿使用自动扶梯。老人、小孩及行动不便人士乘坐自动扶梯需有人陪同。切勿搭乘正在维修的自动扶梯。

自动扶梯紧急停止按钮设置在自动扶梯和自动人行道出入口附近，并在醒目位置张贴"急停"指示标记。若非紧急情况，请勿随意触碰自动扶梯上的红色急停按钮，因为此举可能对正在正常乘行的乘客造成伤害。遇紧急情况时，请大声提醒扶梯上的乘客注意安全，并果断按下该按钮。

自动扶梯紧急按钮

（2）无障碍电梯。

无障碍电梯专为有需要的乘客服务。乘梯遵循"先下后上"的文明秩序。切勿强行打开无障碍电梯门。搭乘无障碍电梯意外被困时，应马上按下求助按钮并保持冷静，等待救援。切勿搭乘正在维修的无障碍电梯。

无障碍电梯及标识

（3）楼梯升降机。

楼梯升降机设在部分无垂直电梯车站，专门为坐轮椅的乘客服务。楼梯升降机由车站工作人员进行操作，需要使用的乘客，可车站工作人员联系使用。

2. 有序上下车

为保证安全，乘客在上下车时应做到：

（1）站在黄色安全线后排队候车，勿倚靠站台门，尽量避免到拥挤的地方候车。

（2）按照箭头指示方向上车，先下后上，请勿拥挤。

（3）上车时带好随身物品，小心列车与站台之间的空隙，照顾好同行的小孩和老人。

（4）留意站台门和车门的开关，小心站台门玻璃，当站台门灯指示灯闪烁时请勿上车。

（5）因列车拥挤不能上车时，耐心等候下一班车。

（6）如遇跌落物品至轨道，联系工作人员处理。

（7）留意列车广播，提前做好下车准备。当遇到客流较大较急的情况，更需要留意列车与站台间的缝隙，避免鞋跟踩空或嵌入缝隙中。门灯闪烁时切勿强行上下车。

小心站台空隙

案例链接

门灯闪烁勿冲门，强行上下很危险

城市轨道交通安全门夹人的事故并不罕见，但多数情况下，由于城市轨道交通安全门上设有红外对射安全保护装置，当有乘客被夹在安全门与列车门中间时，红外对射装置会探测到两扇门中间有异物，关闭的安全门会重新打开。但是若安全门完全闭合，就需用应急钥匙才能打开了。

按照标准程序，城市轨道交通都有两套监视站台的设备，一个是站台上的摄像头监视，一个是反光镜。方便列车司机观察站台上的情况。一旦发生车厢门或者安全门夹人的事情，即使司机没有发现，站台站务员发现之后，也可以在第一时间拉动安全门后面的红色把手，打开安全门。但意外仍会发生。某年2月，南京地铁一号线安德门站提示列车车门即将关闭的黄色蜂鸣灯已经闪烁，一名中年男子却试图挤上车厢，最后却被夹在列车门和安全门之间。幸亏车站保安发现及时，强行扒开安全门，将该男子拽出。

3. 乘坐讲文明

手提包、背包雨伞等物品请勿靠近正在关闭的车门，乘车时不倚靠车门，车门开启时请勿触摸车门。乘车时勿随意走动，以免发生意外，站稳并拉好扶手、拉环。如有不适可至下一站向工作人员求助。如未能及时下车，须耐心等待到下一站下车，再返回。列车内发生紧急事件时，要保持镇静，听从工作人员指挥。

等候列车时的注意事项

等候城市轨道交通列车时，务必站在黄色安全线后，列车进站时不要探头张望。严禁擅自打开警示绳或越过安全黄线，进入轨道交通道床、隧道，或紧贴城市轨道交通安全门，这些行为不仅会严重威胁生命安全，也将对运营安全和公共安全造成严重影响。更不能在列车到站开门后故意使身体或其他物品挡住车门，警方将依法追究违者责任。如有随身物品落入轨道，请不要自行捞捡，应寻求车站工作人员进行帮助。

4. 换乘有秩序

城市轨道交通换乘空间具有自然光线难以引入、空气流通较差、环境潮湿等特点，而且人流量大，环境信息丰富，空间结构复杂。在换乘过程中乘客应根据导向标志的引导有序通行，勿匆忙、勿推搡。

乘客在不同的时间点有不同行为模式，在早晚高峰时间段，客流密集且多尽快赶车，而在其他空闲时段，尤其是晚上和周末，乘客出行行为表现相对休闲。因此，早晚高峰乘城市轨道交通应提早出行，预留足够的换乘时间。

5. 疏散有效率

发生紧急情况时，应保持冷静，不慌张，有序疏散，沿着疏散指引标识迅速有序撤离至站外安全地带，如遇到停电等突发状况，列车被迫停在隧道或高架途中，须请保持镇静，有序通过位于驾驶室的应急逃生门，下车后沿钢轨内侧行走，留心脚下，直至撤离至前方站台。

6. 纠纷巧处理

城市轨道交通的便捷和舒适为市民出行提供了极大便利，在人们将城市轨道交通作为主要出行交通工具的同时，其人流密度大、相对封闭等特点也会引发诸多的乘客纠纷问题。

① 乘客与安检员之间的纠纷

乘客乘车检票前，应有序接受安检员对所携物品的安全检查，对拒不接受城市轨道交通车站安检人员安全检查，引发纠纷，扰乱公共秩序的，由公安机关依照《中华人民共和国治安管理处罚法》有关规定进行处罚；情节严重，构成犯罪的，依法追究刑事责任。

案例链接

强行闯关被处罚

小明每天乘坐地铁上下班，但是他对于地铁的安检非常排斥，认为是多此一举、浪费时间。一天早上，他同往常一样乘地铁上班，在正要通过安检通道时，他听到了列车进站的声音，这时他不顾安检人员的指引，在未将所携物品进行安检的情况下硬要闯过安检口。被安检人员拦下后小明情绪失控，恶意推搡安检人员，造成了安检通道和检票口的拥堵和混乱。根据《中华人民共和国治安管理处罚》和《上海市轨道交通管理条例》，小明被警方带走，接受相应处罚。

❷ 乘客间的纠纷

乘客间的纠纷主要有：候车插队；没有先下后上，引起客流对冲；车厢内拥挤推搡和占座。

车站服务人员应对乘客纠纷处置技巧

（1）站务员应先查清事实，分清纠纷双方责任，在矛盾激化前快速判断处置方式。若遇到人员较多的情况，应先确保自身安全，及时请求支援。

（2）稳定乘客的情绪。站务员应采用平和的语气，缓和紧张的气氛，在乘客不能控制自己情绪时，尽量将发生纠纷的人员分开，保持距离，使得当事人的理性逐渐回归。

（3）在双方情绪稳定后，对于纠纷事件进行调解和沟通，促使双方面对面交流，站务员应保持中立的态度。

乘客在乘坐城市轨道交通出行时，应预留足够的候车时间，以应对早晚高峰车站限流、列车延误等状况，避免因时间仓促而不遵守乘车秩序、随意插队，造成其他乘客的不满，引发纠纷。

> **案例链接**
>
> ### 两乘客因插队大打出手
>
> 小王在城市轨道交通站台排队候车，车到站开门后，队伍有序向前进入车厢，在小王要进入车厢时，小丁忽然从旁边挤到小王前面，小王很不满意地骂了句脏话，恰巧被小丁听见了，于是两人开始争吵，并升级动起手来，车内乘客见状将两人强行分开。此时小王发现嘴角流血了，于是在列车到站后，小王又把小丁揪到站台上，两人又扭打在一起，站务员见状马上将两人分开，并报警。在民警的教育下，双方都意识到自己的行为太冲动，也都表示后悔。后经协调，小王和小丁互相道歉，小王伤势较重，由小丁给予其经济赔偿。

早晚高峰是城市轨道交通系统内人流量较大的两个时段，车厢内往往人多拥挤。乘客应互相体谅和谦让，不要盲目拥挤，以免引发恐慌和纠纷。若有乘客因拥挤而互相争执，站务员应进行劝阻。

第五章 突发事件应对

乘客乘坐城市轨道交通遇突发事件时,请不要惊慌,应保持冷静的心态,注意观察身边的事物特征、警示或引导标识等,并注意收听车站或列车广播,听从轨道交通工作人员的指挥,有序撤离事发现场。

1. 大客流拥挤

当车站发生大客流,乘客在拥挤的人群中前进时,首选的姿势就是双手握拳架在胸前,就像拳击手的防守姿势,以保护身体脆弱部位;遭遇拥挤的人流时,一定不要采用体位前倾或者低重心的姿势,即便鞋子被踩掉,也不要贸然弯腰提鞋或系鞋带。

2. 踩踏事故

在拥挤的人群中,要时刻保持警惕,当发现有人情绪不对,或人群开始骚动时,就要做好准备保护自己和他人。

走路需谨慎,脚下要注意,防止被绊倒,避免自己成为拥挤踩踏事件的诱发因素。当发现自己前面有人突然摔倒,要马上停下脚步,同时大声呼救,告知后面的人不要向前靠近。当带着孩子遭遇拥挤的人群时,最好把孩子抱起来,避免其在混乱中被踩伤。若被推倒,要设法靠近墙壁,身体蜷成球状,双手在颈后紧扣以保护身体最脆弱的部位。如果通道边有商店等可以暂时躲避的地方,可以暂避一时，切勿逆着人流前进，否则非常容易被推倒在地。切记要远离店铺的玻璃窗，以免因玻璃破碎而被扎伤。

踩踏事件现场

> **案例链接**
>
> ### 城市轨道交通车站踩踏事件
>
> 　　某日某城市某站一名女乘客在站台上晕倒，引起站台上乘客恐慌情绪，部分乘客奔逃踩踏，引发现场混乱，40s内导致12名乘客受伤被送往医院。事发时，正是上班高峰期，站台内挤满了人。晕倒女子周围的乘客因了解情况，比较镇静，但因往后退、让出救援空间，而产生"波浪"效应，其他乘客也开始往后退，随后演变成有人开始跑，并且有人开始惊叫，导致越是远处不明真相的乘客越害怕，跑得越慌乱，随后引发了踩踏事件。
>
> 　　上班高峰期、人员密集、恐慌心理，这些要素叠加在一起，使得城市轨道交通车站成了踩踏事件的高发区。

3. 列车迫停区间事故

　　列车因故暂时迫停区间时，乘客不要惊慌，应保持冷静，不得擅自启动列车车门处的紧急开门装置（擅自启紧急开门装置需负法律责任）。通过列车逃生门进入轨行区或通过车门进入轨行区疏散平台时，需按照车站工作人员指引疏散。隧道疏散时，勿触碰两旁电缆设备。

当车站站台积水时，城市轨道交通工作人员会引导乘客向站厅疏散，保持站台通道畅通；乘客应听从城市轨道交通工作人员的指挥，按指定的路线向站外疏散。在积水的站台行走时，要特别注意谨防跌入轨道。

轨道交通区间疏散

4. 停电事故

遇停电事故时，乘客不要惊慌失措，不要乱跑乱撞，这是确保自身人身安全的重要原则。

（1）如果列车停在车站内，或者乘客正在站台候车，那么应在原地等候，不要惊慌。当车站内停电时，有可能只是车站的照明设备失效，应听从城市轨道交通工作人员的指挥，不要随意走动，认真配合车站工作人员进行疏散。一般情况下，车站将启动应急照明设备，列车或车站内的照明设备也能为乘客疏散提供充足的光线。

车站应急照明、应急导向

第五章　突发事件应对

（2）如果列车停在隧道内，应听从列车司机的指挥，耐心等待救援人员，不能随意手动打开车门下车并进入隧道。一方面，由于列车距离地面有一定的距离，可能对乘客造成伤害；另一方面，可能存在接触障碍物或供电轨等危险因素。因此，应耐心等待救援人员，利用临时扶梯从无供电轨道的一侧下车进入隧道内，并按照救援人员指定的方向和路线进行疏散。在疏散时要注意排成单行，小心谨慎，不要拥挤。

（3）车站工作人员会通过广播告知乘客车站因停电而暂停办理退票，请乘客在指定时段内办理退票手续。

5. 列车相撞、脱轨事故

发生城市轨道交通列车相撞、脱轨事故后，可能会导致供电系统故障，造成人员伤亡和乘客恐慌，甚至可能引发火灾和踩踏等次生事故。

（1）乘客在做好自身防护与自救的同时，可利用手机拨打城市轨道交通运营企业热线电话或110等报警。

每节车厢端部的列车车厢号

（2）乘客应在城市轨道交通工作人员的引导下有序撤离事故现场，避免因惊慌逃离而导致踩踏等次生事故发生。

（3）乘客在撤离时应注意观察周围环境，特别在隧道撤离时应迎着新风方向撤离，行走在线路中间，注意两侧电缆、广告等支架,注意线路道岔区域零部件等。

(4)事故发生后,乘客应积极配合城市轨道交通运营企业、公安部门进行调查取证。

6. 乘客坠落站台事件

乘车时,尤其是高峰期和节假日乘车时,一定要站在黄色安全线以内,发生人群拥堵时一定注意观察,以免发生坠落或者被人挤下站台等意外。

(1)乘客发现有人意外坠落后,应立刻大声呼救并向工作人员示意,由工作人员立即采取紧急停车措施,立即报告,适时营救。

(2)如果意外坠落后看到有列车驶来,最有效的方法是立即紧贴里侧墙壁,注意使身体尽量紧贴墙壁以免列车剐到身体或衣物。在列车停车后,由工作人员进行救助。

(3)如果意外坠落站台后看到列车已经驶来,不宜趴在两条铁轨之间的道床里,因为列车下部和道床之间可能没有足够的容身空间。

7. 毒气事故

(1)确认城市轨道交通车站或列车中发生毒气袭击时,乘客应当利用随身携带的手帕、餐巾纸、衣物等用品捂住口鼻、遮住裸露皮肤,如果手头有水或饮料,可用手帕、餐巾纸、衣物等用品浸湿后捂住口鼻。

(2)乘客应该迅速朝着远离毒源的方向撤离,有序到空气流通处或者到毒源的上风口处躲避。

(3)乘客在撤离事发现场时,除了走进出站闸机通道外,还可以通过专用通道及消防疏散门撤离。

(4)乘客在撤离毒气事故事发现场后,不管身体是否不适,都应接受医院的全面检查。

第五章　突发事件应对

毒气袭击应急疏散演练

案例链接

东京地铁沙林毒气事件

1995年3月20日早上，日本东京的营团地下铁（东京地下铁）发生的恐怖袭击事件。发动恐怖袭击的某邪教组织人员在东京地下铁三线共五列列车上发放沙林毒气，造成13人死亡及5510人以上受伤。事件发生当天，日本政府所在地及国会周围的几条地铁主干线被迫关闭，26个地铁站受影响，东京交通陷入一片混乱。这一事件给刚刚经历了阪神地震的日本社会和公众又蒙上了一层阴影。2004年2月27日，东京地方法院对制造东京地铁沙林事件的嫌疑人进行一审宣判，以杀人罪、拘禁罪、非法制造武器罪等13项罪行的"首谋"罪名判处嫌疑人死刑。

8. 纵火事故

城市轨道交通系统客流量大、疏散困难，一旦发生纵火事故会给乘客带来恐慌，甚至引发踩踏事故，造成重大人员伤亡。乘客遇纵火事故时，应注意以下内容。

（1）不要慌张，要及时报警，可以用自己的手机拨打119、110等，也可按列车车厢内的紧急报警按钮。

（2）乘客不要贪恋财物，发生纵火事故后抓紧时间撤离至安全区域，撤离后不要折回抢救财物。

（3）乘客在撤离过程中，不要下蹲拾取地上的东西，避免被撤离的人流推倒而造成踩踏事故。

（4）如果火势蔓延迅速，乘客无法灭火自救，应该有序地安全逃生。如果火灾引起停电，可按照应急灯的指示标志有序逃生。

火灾疏散应急演练

案例链接

韩国大邱地铁纵火事件

2003年2月18日，韩国大邱市地铁中央路站发生火灾，造成198人死亡，146人受伤，298人失踪。经调查，火灾是由一金姓男子纵火所致。事故暴露出以下问题。

人员失职：韩国警方对纵火事件的初步调查结果认为，地铁工作人员未能采取适当措施处理紧急情况，是造成大量人员伤亡的主要原因之一。

安全措施缺失：由于起火后地铁站内的供电自动切断，许多乘客因此被困在漆黑一团的站内。地铁列车内使用的装饰材料和座椅并不防火，玻璃纤维和硬化塑料在遇到火焰和高温后起褶，然后冒出滚滚的有毒烟雾。这些烟雾在火灾之后几分钟内就使乘客看不清周围的一切而且被纷纷熏倒。

9. 爆炸事故

城市轨道交通系统的不同位置发生爆炸事故后，不同岗位人员的应对措施也不同。乘客应注意以下事项。

（1）不要慌张，要及时报警，可以用自己的手机拨打119、110等。发现可疑对象时，乘客有义务协助城市轨道交通运营企业工作人员对可疑对象进行控制。

轨道交通爆炸事故现场

（2）车站或到站列车发生爆炸时，乘客应及时向站外进行撤离，在站台撤离时谨防坠入轨道。

（3）列车在区间发生爆炸，如果列车可继续运行，乘客不得擅自开启紧急开门开关。列车司机会尽快将列车运行至前方车站后开门进行疏散；如果列车无法继续运行，请听从列车广播和前来疏散工作引导人员的指引，通过列车头部应急疏散梯和轨道交通线路进行疏散。疏散时，乘客不得擅自开启紧急开门开关，以免其他乘客由于疏散拥挤而坠落。

10. 站台门夹人夹物事故

乘客在乘坐城市轨道交通列车时，由于不当的乘车行为，往往会造成站台门、列车车门夹人夹物，最终导致乘客受伤，甚至死亡，同时也影响列车的正常运营。

当站台门、列车车门夹人夹物时，可参照以下方法处理：

（1）设法抵住列车门，哪怕让门夹住胳膊或腿，决不让它关闭。只要门不关闭严实，列车绝不会开动。系统三次锁门失败后需要司机人工重新执行开门、关门操作。

（2）若站台门、车门都已经关闭，请注意站台门内侧有一对黄色或红色把手。此时，不需很大力气便可掰开站台门，即向外拉动把手，使站台门打开一个缝隙，列车便会紧急停止。如果不幸背对把手，也可以尝试从身后触摸到把手进行操作。从列车关门到开车至少有5s的时间，如果没有慌乱，乘客是来得及反应操作的。

（3）作为站台上围观群众，应该立刻按动站台柱子上的紧急停车按钮。紧急停车按钮一般位于靠近车头和车位的站台的两端立柱上。建议平时可以有意识地关注紧急停车按钮在站台设置的位置，注意不要和火灾报警混淆，非紧急情况不得触碰。

（4）作为列车上的乘客，应该立刻按动车厢中的乘客报警按钮或紧急开门装置，通常其在门两侧或窗户上方，也有些在车厢连接处附近。

站台门紧急开门拉手

站台紧急停车按钮

列车车门紧急开门装置

案例链接

某城市地铁站台门夹人致死事故

2014年11月6日18时57分，某城市地铁一女性乘客在乘车过程中卡在站台门和车门之间，列车起动后该乘客掉下站台，车站工作人员立即采取列车紧急停车和线路停电措施，迅速将受伤乘客抬上站台，由120急救车送往医院。该乘客经医院全力抢救无效后死亡。

第六章 常见应急设施设备的使用

城市轨道交通系统为乘客提供了在紧急情况下使用的应急装置,乘客可在遇一些突发状况时自主适用,甚至自救。

1. 紧急报警器

紧急报警器安装在列车车厢或车站站台、站厅等处,当发生紧急情况时,乘客可借助紧急报警器与列车司机或车站服务人员进行一对一对话,以便获得帮助。

❶ 列车车厢内紧急报警器

列车的紧急报警器安装在车厢内便于乘客操作的位置,一般设置在车厢两端或客室车门处。每套紧急报警器由一个控制喇叭、一个麦克风和一个紧急呼叫按钮组成。

车厢紧急报警器

列车车厢内紧急报警器的操作方式如下：

（1）拆除紧急呼叫按钮翻盖上的铅封。

（2）开启盖板，按下红色紧急呼叫按钮，此时指示灯闪烁。

（3）待列车司机确认通话后，指示灯常亮，乘客可通过麦克风与列车司机联系。

注：报警对话为半双向的，即任一时刻只有乘客或者列车司机一方能说话。

❷ 车站紧急报警器

车站的紧急报警器一般安装在车站服务人员较少，或部分需专人操作的特种设备的位置，例如无障碍电梯、自动售票机等处。

站厅紧急报警器　　　　站台紧急报警器

车站紧急报警器的操作方式如下：

（1）按下红色求助按钮。

（2）待车站服务人员确认通话后，乘客可通过麦克风与车站服务人员联系。

2. 紧急解锁器

紧急解锁器即紧急开门装置，列车客室车门旁安装有一个紧急开门装置。发生紧急情况需要乘客紧急疏散时可手动操作，当启用该设备后，列车会立即产生紧急制动，同时司机室有声光警示（有的城市轨道交通列车启用该设备后不会立即产生紧急制动，但司机室有声光警示），待列车停稳后可打开有疏散平台的就近车门，听从工作人员的引导向安全区域撤离。

　　拉手式紧急开门装置　　　旋转手柄式紧急开门装置

　　拉手式和旋转手柄式紧急解锁器的操作方式基本相同。紧急解锁器的操作方式如下：

　　（1）打开或取下紧急开门装置保护罩。

　　（2）人工将拉手向外拉出或顺时针旋转手柄90°。

　　（3）待列车停稳后，乘客可手动将车门门板向两边推开。

注：非紧急情况禁止使用紧急解锁装置。

3. 站台门应急装置

　　站台门是安装于车站站台边缘，用于安全分隔候车乘客与进站列车，以提高运营安全系数、改善乘客候车环境的一套机电一体化设备系统。

❶ 站台门的功能

　　站台门最初的研制动机是节能，但由于站台门系统具有将乘客与进站列车隔离的功效，因此在实现车站节能的同时，也为候车乘客提供了安全保证，避免了意外客伤事故。

第六章 常见应急设施设备的使用

站台门

❷ 站台门的组成

站台门贯穿整个站台,它由透明的固定式玻璃隔墙和滑动门组成。滑动门的安装位置与停站列车的车门位置相对应,滑动门的数量与停站列车组各车厢的车门数量一致,且动作也与列车车门的启闭同步。

为了防止列车门与站台门之间的空间存有异物而影响安全行车,在车站的站台门系统中还设置了"红外线感应异物探测器"。

❸ 站台门手动解锁装置

滑动门为双开式门,关闭时隔断站台和轨道,开启时供乘客上下列车,在非正常运行模式和紧急运行模式下,也可作为乘客的疏散通道。每扇滑动门在轨道侧均设有手动解锁装置,乘客可通过向两边扳动把手打开滑动门。

站台门手动解锁装置

4. 紧急停车按钮

在车站上下行站台处分别设置有四个紧急停车按钮。当发生紧急情况时，通过按压紧急停车按钮，可使进出站的列车施加紧急制动。

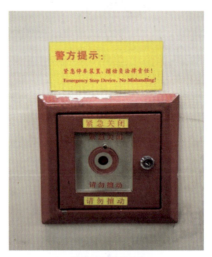

紧急停车按钮

紧急停车按钮的操作方式如下：

（1）拆下紧急停车按钮防护罩。

（2）按压红色紧急停车按钮。

特别应注意，非紧急情况禁止操作。一旦触发紧急停车按钮将有以下三种后果：

（1）停靠在站台处的列车，因信号系统立即触发了紧急制动而将无法起动。

（2）已起动但没有出清车站的列车因信号系统触发了紧急制动，将就地迫停。

（3）即将进站的列车会立即产生紧急制动，无法正常停靠站台。

5. 火灾报警系统

火灾报警系统（Fire Alarm System，FAS）可对站厅、站台、设备用房等场所进行火灾监控。与其相关的消防设备有自动气体灭火系统、机电设备监控系统、给排水系统、固定灭火系统和防排烟系统等。

❶ 火灾报警系统的功能

火灾报警系统的作用是自动捕捉城市轨道交通范围内火灾发生时的烟雾或热气，并能发出声光报警，通过控制自动灭火系统、事故照明、事故广播、消防给水和排烟等系统，实施对城市轨道交通空间的救灾工作，实现监测、报警和灭火的自动化控制。

❷ 火灾报警系统的使用

在每个车站的站厅、站台墙上安装有火灾手动报警器。发生火灾时，乘客可击碎玻璃，或拉下手柄，或按压按钮，以第一时间通知车站工作人员。

火灾手动报警器

6. 自动扶梯紧急停止按钮

自动扶梯是城市轨道交通站台、站厅、地面间运送客流的主要设备，对及时疏散客流起着至关重要的作用。

自动扶梯

❶ 自动扶梯的功能

自动运行的自动扶梯，能自动检测客流量和方向、自动切换运动速度和停止运行。

❷ 紧急停止按钮

紧急停止按钮是自动扶梯的一个必需的安全保护装置，设置在扶梯的上、下平层处。该按钮为红色，在电梯出现紧急情况时，可手动按下按钮，电梯将立即停止运行。

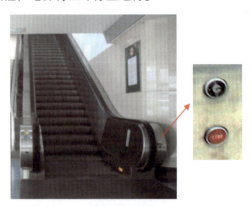

紧急停止按钮

❸ 紧急停止按钮的操作

在自动扶梯运行期间,如有以下情况出现,应按下紧急停止按钮立即关闭扶梯。

(1)扶梯上有人摔倒或有行李箱、包滚落。

(2)运行状态不正常或听到不正常噪声。